24.12.2020

# RICHARD WAGNER

## Eine Pilgerfahrt zu Beethoven

IM BERTELSMANN LESERING

*KLEINE LESERING-BIBLIOTHEK BAND 58*
*Illustriert von Hermann Bachschuster*

*Alle Rechte vorbehalten*
*Gesamtherstellung Mohn & Co GmbH, Gütersloh*
*Printed in Germany   Buch Nr. 1568*

Not und Sorge, du Schutzgöttin des deutschen Musikers, falls er nicht etwa Kapellmeister eines Hoftheaters geworden ist – Not und Sorge, deiner sei auch bei dieser Erinnerung aus meinem Leben sogleich die erste rühmendste Erwähnung getan! Laß dich besingen, du standhafte Gefährtin meines Lebens! Du hieltest treu zu mir und hast mich nie verlassen, lächelnde Glückswechsel hast du stets mit starker Hand von mir abgewehrt, hast mich stets gegen Fortunens lästige Sonnenblicke beschützt! Mit schwarzem Schatten hast du mir stets die eitlen Güter dieser Erde verhüllt: habe Dank für deine unermüdliche Anhänglichkeit! Aber kann es sein, so suche dir mit der Zeit einmal einen andern Schützling, denn bloß der Neugierde wegen möchte ich gern einmal erfahren, wie es sich auch ohne dich leben ließe. Zum wenigsten bitte ich dich, ganz besonders unsre politischen Schwärmer zu plagen, die Wahnsinnigen, die Deutschland mit aller Gewalt unter ein Zepter vereinigen wollen: – es würde ja dann nur ein einziges Hoftheater, somit nur eine

einzige Kapellmeisterstelle geben!
Was sollte dann aus meinen Aussichten, aus meinen einzigen Hoffnungen werden, die schon jetzt nur bleich und matt vor mir schweben, jetzt – wo es doch der deutschen Hoftheater so viele gibt? – Jedoch – ich sehe, ich werde frevelhaft. Verzeih, o Schutzgöttin, den soeben ausgesprochenen, vermessenen Wunsch! Du kennst aber mein Herz und weißt, wie ich dir ergeben bin und ergeben bleiben werde, selbst wenn es in Deutschland tausend Hoftheater geben würde! Amen!
– Vor diesem meinem täglichen

Gebete beginne ich nichts, also auch nicht die Aufzeichnung meiner Pilgerfahrt zu Beethoven.

Für den Fall, daß dieses wichtige Aktenstück nach meinem Tode veröffentlicht werden dürfte, halte ich es aber auch noch für nötig, zu sagen, wer ich bin, weil ohne dies vielleicht vieles darin unverständlich bleiben könnte. Wisset daher, Welt und Testamentsvollstrecker!

Eine mittelmäßige Stadt des mittleren Deutschlands ist meine Vaterstadt. Ich weiß nicht recht, wozu man mich eigentlich bestimmt hatte, nur entsinne ich mich, daß ich eines Abends zum erstenmal eine Beethovensche Symphonie aufführen hörte, daß ich darauf Fieber bekam, krank wurde, und als ich wieder genesen, Musiker geworden war. Aus diesem Umstande mag es wohl kommen, daß, wenn ich mit der Zeit wohl auch andere schöne Musik kennenlernte, ich doch Beethoven vor allem liebte, verehrte und anbetete. Ich kannte keine Lust mehr, als mich so ganz in die Tiefe dieses Genius zu versenken, bis ich mir endlich einbildete, ein Teil desselben geworden zu sein, und als dieser kleinste

Teil fing ich an, mich selbst zu achten, höhere Begriffe und Ansichten zu bekommen, kurz das zu werden, was die Gescheiten gewöhnlich einen Narren nennen. Mein Wahnsinn war aber sehr gutmütiger Art und schadete niemandem; das Brot, was ich in diesem Zustande aß, war sehr trocken, und der Trank, den ich trank, sehr wässerig, denn Stundengeben wirft bei uns nicht viel ab, verehrte Welt und Testamentsvollstrecker!

So lebte ich einige Zeit in meinem Dachstübchen, als mir eines Tages einfiel, daß der Mann, dessen Schöpfungen ich über alles verehrte, ja noch lebe. Es war mir unbegreiflich, bis dahin noch nicht daran gedacht zu haben. Mir war nicht eingefallen, daß Beethoven vorhanden sein, daß er Brot essen und Luft atmen könne wie unsereins; dieser Beethoven lebte ja aber in Wien und war auch ein armer deutscher Musiker!

Nun war es um meine Ruhe geschehen! Alle meine Gedanken wurden zu dem einen Wunsch: Beethoven zu sehen! Kein Muselmann verlangte gläubiger, nach dem Grabe seines Propheten zu wallfahrten, als ich nach dem Stüb-

chen, in dem Beethoven wohnte.
Wie aber es anfangen, um mein Vorhaben ausführen zu können? Nach Wien war eine große Reise, und es bedurfte Geld dazu; ich Armer gewann aber kaum, um das Leben zu fristen! Da mußte ich denn außerordentliche Mittel ersinnen, um mir das nötige Reisegeld zu verschaffen. Einige Klaviersonaten, die ich nach dem Vorbilde des Meisters komponiert hatte, trug ich hin zum Verleger. Der Mann machte mir mit wenigen Worten klar, daß ich ein Narr sei mit meinen Sonaten; er gab mir aber den Rat, daß,

wollte ich mit der Zeit durch Kompositionen ein paar Taler verdienen, ich anfangen sollte, durch Galopps und Potpourris mir ein kleines Renommee zu machen. – Ich schauderte; aber meine Sehnsucht, Beethoven zu sehen, siegte; ich komponierte Galopps und Potpourris, konnte aber in dieser Zeit aus Scham mich nie überwinden, einen Blick auf Beethoven zu werfen, denn ich fürchtete, ihn zu entweihen.
Zu meinem Unglück bekam ich aber diese ersten Opfer meiner Unschuld noch gar nicht einmal bezahlt, denn mein Verleger erklärte mir, daß ich

mir erst einen kleinen Namen machen müßte. Ich schauderte wiederum und fiel in Verzweiflung. Diese Verzweiflung brachte aber einige vortreffliche Galopps hervor. Wirklich erhielt ich Geld dafür, und endlich glaubte ich genug gesammelt zu haben, um damit mein Vorhaben auszuführen. Darüber waren aber zwei Jahre vergangen, während ich immer befürchtete, Beethoven könne sterben, ehe ich mir durch Galopps und Potpourris einen Namen gemacht habe. Gott sei Dank, er hatte den Glanz meines Namens erlebt! – Heiliger Beethoven, vergib

mir dieses Renommee, es ward erworben, um dich sehen zu können!
Ha, welche Wonne! Mein Ziel war erreicht! Wer war seliger als ich! Ich konnte mein Bündel schnüren und zu Beethoven wandern. Ein heiliger Schauer erfaßte mich, als ich zum Tore hinausschritt und mich dem Süden zuwandte! Gern hätte ich mich wohl in eine Diligence gesetzt, nicht weil ich die Strapaze des Fußgehens scheute (oh, welche Mühseligkeiten hätte ich nicht freudig für dieses Ziel ertragen!) – sondern weil ich auf diese Art schneller zu Beethoven gelangt wäre. Um

aber Fuhrlohn zahlen zu können, hatte ich noch zu wenig für meinen Ruf als Galoppkomponist getan. Somit ertrug ich alle Beschwerden und pries mich glücklich, so weit zu sein, daß sie mich ans Ziel führen konnten. Oh, was schwärmte ich, was träumte ich! Kein Liebender konnte seliger sein, der nach langer Trennung zur Geliebten seiner Jugend zurückkehrt. –
So zog ich in das schöne Böhmen ein, das Land der Harfenspieler und Straßensänger. In einem kleinen Städtchen traf ich auf eine Gesellschaft reisender Musikanten; sie bildeten ein kleines

Orchester, zusammengesetzt aus einem Baß, zwei Violinen, zwei Hörnern, einer Klarinette und einer Flöte; außerdem gab es eine Harfnerin und zwei Sängerinnen mit schönen Stimmen. Sie spielten Tänze und sangen Lieder; man gab ihnen Geld, und sie wanderten weiter. Auf einem schönen schattigen Plätzchen neben der Landstraße traf ich sie wieder an; sie hatten sich da gelagert und hielten ihre Mahlzeit. Ich gesellte mich zu ihnen, sagte, daß ich auch ein wandernder Musiker sei, und bald wurden wir Freunde. Da sie Tänze spielten, frug ich sie schüchtern, ob sie auch meine Galopps schon spielten? Die Herrlichen! Sie kannten meine Galopps nicht! Oh, wie mir das wohl tat!

Ich frug, ob sie nicht auch andere Musik als Tanzmusik machten? »Ei wohl«, antworteten sie, »aber nur für uns und nicht vor den vornehmen Leuten.« – Sie packten ihre Musikalien aus – ich erblickte das große Septuor von Beethoven; staunend frug ich, ob sie auch dies spielten?

»Warum nicht?« entgegnete der Älteste. »Joseph hat eine böse Hand und kann jetzt nicht die zweite Violine

spielen, sonst wollten wir uns gleich damit eine Freude machen.«

Außer mir, ergriff ich die Violine Josephs, versprach, ihn nach Kräften zu ersetzen, und wir begannen das Septuor. Oh, welches Entzücken! Hier, an einer böhmischen Landstraße, unter freiem Himmel das Beethovensehe Septuor von Tanzmusikanten, mit einer Reinheit, einer Präzision und einem so tiefen Gefühle vorgetragen, wie selten von den meisterhaftesten Virtuosen! Großer Beethoven, wir brachten dir ein würdiges Opfer!

Wir waren soeben im Finale, als – die

Chaussee bog sich an dieser Stelle bergauf – ein eleganter Reisewagen langsam und geräuschlos herankam und endlich dicht bei uns still hielt. Ein erstaunlich langer und erstaunlich blonder junger Mann lag im Wagen ausgestreckt, hörte unserer Musik mit ziemlicher Aufmerksamkeit zu, zog eine Brieftasche hervor und notierte einige Worte. Darauf ließ er ein Goldstück aus dem Wagen fallen und weiter fortfahren, indem er zu seinem Bedienten wenige englische Worte sprach, woraus mir erhellte, daß dies ein Engländer sein müsse.

Dieser Vorfall verstimmte uns; zum Glück waren wir mit dem Vortrage des Septuors fertig. Ich umarmte meine Freunde und wollte sie begleiten, sie aber erklärten, daß sie von hier aus die Landstraße verlassen und einen Feldweg einschlagen würden, um für diesmal zu ihrem Heimatdorfe zurückzukehren. Hätte nicht Beethoven selbst meiner gewartet, ich würde sie gewiß auch dahin begleitet haben. So aber trennten wir uns gerührt und schieden. Später fiel mir auf, daß niemand das Goldstück des Engländers aufgehoben hatte. –

Im nächsten Gasthof, wo ich einkehrte, um meine Glieder zu stärken, saß der Engländer bei einem guten Mahle. Er betrachtete mich lange; endlich sprach er mich in einem passablen Deutsch an.

»Wo sind Ihre Kollegen?« frug er.

»Nach ihrer Heimat«, sagte ich.

»Nehmen Sie Ihre Violine und spielen Sie noch etwas«, fuhr er fort, »hier ist Geld!«

Das verdroß mich; ich erklärte, daß ich nicht für Geld spielte, außerdem auch keine Violine hätte, und setzte ihm kurz auseinander, wie ich mit

jenen Musikanten zusammengetroffen war.

»Das waren gute Musikanten«, versetzte der Engländer, »und die Symphonie von Beethoven war auch sehr gut.«

Diese Äußerung frappierte mich; ich frug ihn, ob er Musik treibe?

»Yes«, antwortete er, »ich spiele zweimal in der Woche die Flöte, donnerstags blase ich Waldhorn, und sonntags komponiere ich.«

Das war viel; ich erstaunte. – In meinem Leben hatte ich nichts von reisenden englischen Musikern gehört; ich fand daher, daß sie sich sehr gut stehen müßten, wenn sie in so schönen Equipagen ihre Wanderungen ausführen könnten.– Ich frug, ob er Musiker von Profession sei?

Lange erhielt ich gar keine Antwort; endlich brachte er sehr langsam hervor, daß er viel Geld habe.

Mein Irrtum wurde mir einleuchtend, denn ich hatte ihn jedenfalls mit meiner Frage beleidigt. Verlegen schwieg ich und verzehrte mein einfaches Mahl.

Der Engländer, der mich abermals lange betrachtet hatte, begann aber wieder. »Kennen Sie Beethoven?« frug er mich.

Ich entgegnete, daß ich noch nie in Wien gewesen sei und jetzt eben im Begriff stehe, dahin zu wandern, um die heißeste Sehnsucht zu befriedigen, die ich hege, den angebeteten Meister zu sehen.

»Woher kommen Sie?« frug er. – »Von L...« – »Das ist nicht weit! Ich komme von England und will auch Beethoven kennenlernen. Wir werden beide ihn kennenlernen; er ist ein sehr berühmter Komponist.« –

Welch wunderliches Zusammentreffen! dachte ich bei mir. Hoher Meister, wie Verschiedene ziehst du nicht an! Zu Fuß und zu Wagen wandert man zu dir! – Mein Engländer interessierte mich; ich gestehe aber, daß ich ihn seiner Equipage wegen wenig beneidete. Es war mir, als wäre meine mühselige Pilgerfahrt zu Fuße heiliger und frömmer, und ihr Ziel müßte mich mehr beglücken als jenen, der in Stolz und Hoffart dahinzog. Da blies der Postillion; der Engländer fuhr fort, nachdem er mir zugerufen, er würde Beethoven eher sehen als ich. Ich war kaum einige Stunden zu Fuße gefolgt, als ich ihn unerwartet wieder antraf. Es war auf der Landstraße. Ein Rad seines Wagens war gebrochen; mit majestätischer Ruhe saß er aber noch darin, sein Bedienter hintenauf, trotzdem daß der Wagen ganz auf die Seite hing. Ich erfuhr, daß man den Postillion zurückerwarte, der nach einem ziemlich entfernten Dorfe gelaufen sei, um einen Schmied herbeizuschaffen. Man hatte schon lange gewartet; da der Bediente nur englisch sprach, entschloß ich mich, selbst nach dem Dorfe zu gehen, um Postillion und Schmied anzutreiben. Wirklich traf ich den erstern in einer Schenke, wo er beim Branntwein sich nicht sonderlich um den Engländer kümmerte: doch brachte ich ihn mit dem Schmied bald zu dem zerbrochenen Wagen zurück. Der Schaden war geheilt; der Engländer versprach mir, mich bei Beethoven anzumelden, und – fuhr davon.

Wie sehr war ich verwundert, als ich am folgenden Tage ihn wiederum auf der Landstraße antraf! Diesmal aber ohne zerbrochenes Rad, hielt er ganz ruhig mitten auf dem Wege, las in einem Buche und schien zufrieden zu

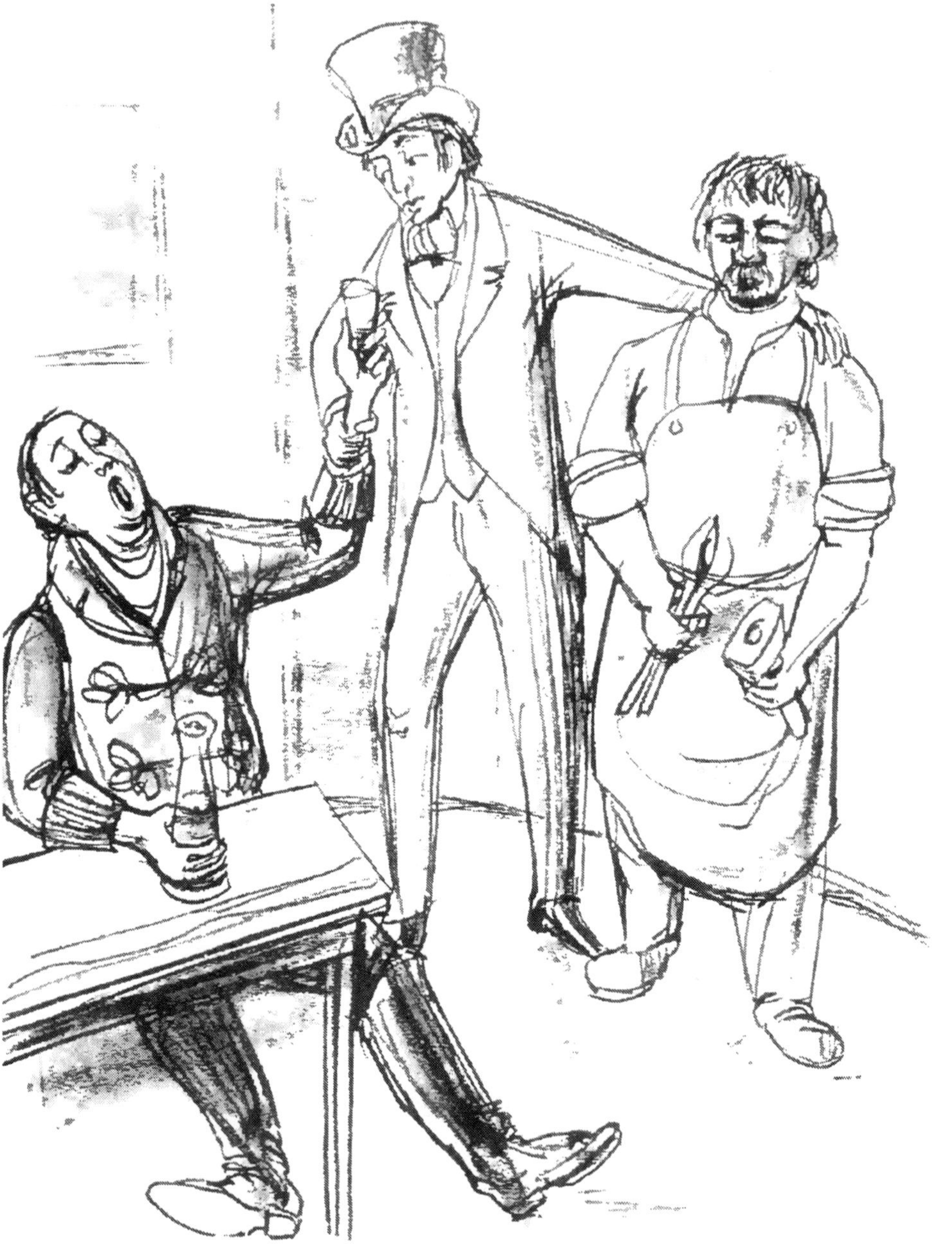

sein, als er mich meines Weges daherkommen sah.

»Ich habe hier schon sehr viele Stunden gewartet«, sagte er, »weil, mir hier eingefallen ist, daß ich unrecht getan habe, Sie nicht einzuladen, mit mir zu Beethoven zu fahren. Das Fahren ist viel besser als das Gehen. Kommen Sie in den Wagen.«

Ich war abermals erstaunt. Eine kurze Zeit schwankte ich wirklich, ob ich sein Anerbieten nicht annehmen sollte; bald aber erinnerte ich mich des Gelübdes, das ich gestern getan hatte, als ich den Engländer dahinrollen sah:

ich hatte mir gelobt, unter allen Umständen meine Pilgerfahrt zu Fuß zu wallen. Ich erklärte das laut. Jetzt erstaunte der Engländer; er konnte mich nicht begreifen. Er wiederholte sein Anerbieten, und daß er schon viele Stunden auf mich gewartet habe, obgleich er im Nachtquartier durch die gründliche Reparatur des zerbrochenen Rades sehr lange aufgehalten worden sei. Ich blieb fest, und er fuhr verwundert davon.

Eigentlich hatte ich eine geheime Abneigung gegen ihn, denn es drang sich mir wie eine düstere Ahnung auf, daß

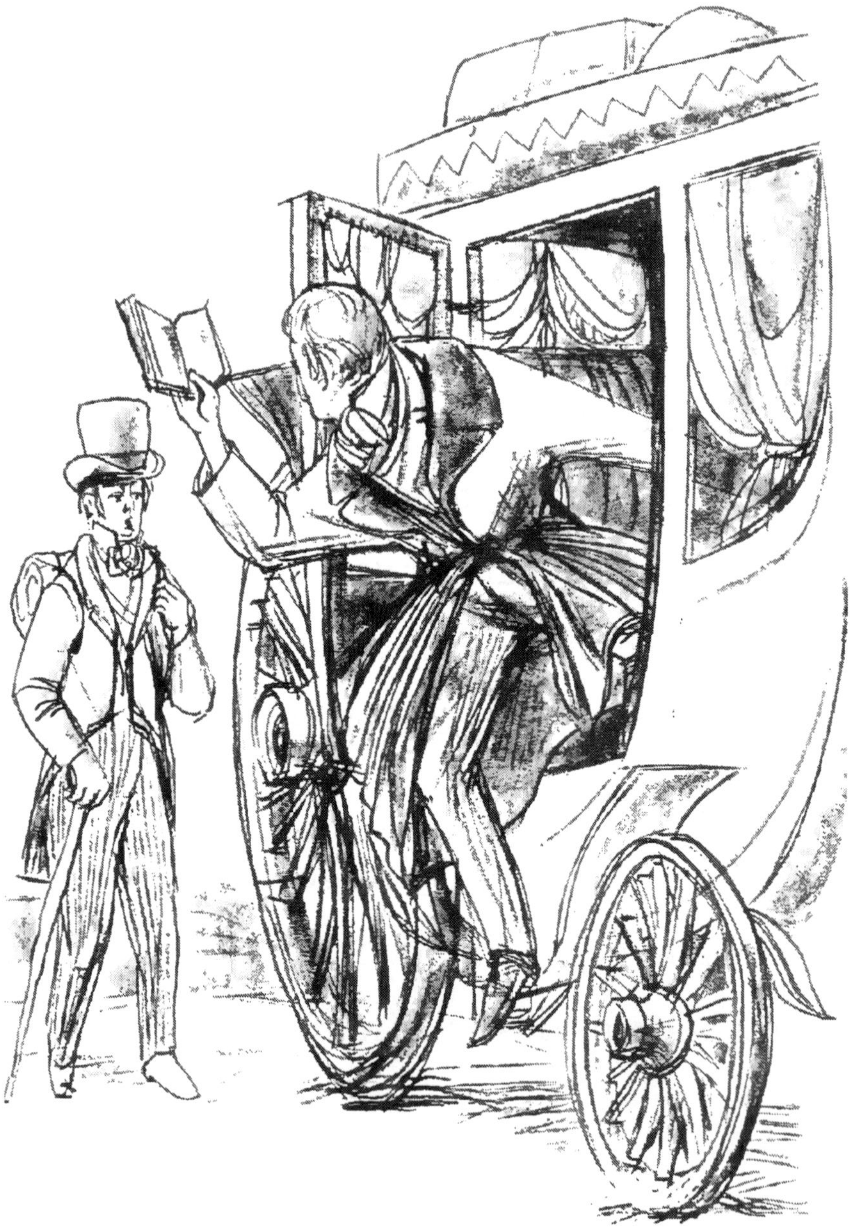

mir dieser Engländer großen Verdruß anrichten würde. Zudem kam mir seine Verehrung Beethovens, sowie sein Vorhaben, ihn kennenzulernen, mehr wie die geckenhafte Grille eines reichen Gentlemans als das tiefe, innige Bedürfnis einer enthusiastischen Seele vor. Deshalb wollte ich ihn lieber fliehen, um durch eine Gemeinschaft mit ihm meine fromme Sehnsucht nicht zu entweihen.

Aber als ob mich mein Geschick darauf vorbereiten wollte, in welchen gefährlichen Zusammenhang ich mit diesem Gentleman noch geraten sollte, traf ich ihn am Abend desselben Tages abermals, vor einem Gasthofe haltend und, wie es schien, mich erwartend. Denn er saß rückwärts in seinem Wagen und sah die Straße zurück mir entgegen.

»Sir«, redete er mich an, »ich habe wieder sehr viele Stunden auf Sie gewartet. Wollen Sie mit mir zu Beethoven fahren?«

Diesmal mischte sich zu meinem Erstaunen ein heimliches Grauen. Diese auffallende Beharrlichkeit, mir zu dienen, konnte ich mir unmöglich anders erklären, als daß der Engländer,

meine wachsende Abneigung gegen sich gewahrend, mir zu meinem Verderben sich aufdrängen wollte. Mit unverhaltenem Verdrusse schlug ich abermals sein Anerbieten aus. Da rief er stolz: »Goddam, Sie schätzen Beethoven wenig. Ich werde ihn bald sehen!« Eilig flog er davon. –
Diesmal war es wirklich das letztemal, daß ich auf dem noch langen Wege nach Wien mit diesem Inselsohne zusammentraf. Endlich betrat ich die Straßen Wiens; das Ende meiner Pilgerfahrt war erreicht. Mit welchen Gefühlen zog ich in dieses Mekka

meines Glaubens ein! Alle Mühseligkeiten der langen und beschwerlichen Wanderschaft waren vergessen; ich war am Ziele, in den Mauern, die Beethoven umschlossen.

Ich war zu tief bewegt, um sogleich an die Ausführung meiner Absicht denken zu können. Zunächst erkundigte ich mich zwar nach der Wohnung Beethovens, jedoch nur, um mich in dessen Nähe einzulogieren. Ziemlich gegenüber dem Hause, in welchem der Meister wohnte, befand sich ein nicht zu vornehmer Gasthof; ich mietete mir ein kleines Kämmerchen im fünften

Stock desselben, und dort bereitete ich mich nun auf das größte Ereignis meines Lebens, auf einen Besuch bei Beethoven, vor.

Nachdem ich zwei Tage ausgeruht, gefastet und gebetet, Wien aber noch mit keinem Blick näher betrachtet hatte, faßte ich denn Mut, verließ meinen Gasthof und ging schräg gegenüber in das merkwürdige Haus. Man sagte mir, Herr Beethoven sei nicht zugegen. Das war mir gerade recht; denn ich gewann Zeit, um mich von neuem zu sammeln. Da mir aber den Tag über noch viermal derselbe Bescheid, und zwar mit einem gewissen gesteigerten Tone, gegeben ward, hielt ich diesen Tag für einen Unglückstag und gab mißmutig meinen Besuch auf.

Als ich zu meinem Gasthof zurückwanderte, grüßte mir aus dem ersten Stock desselben mein Engländer ziemlich leutselig entgegen.

»Haben Sie Beethoven gesehen?« rief er mir zu.

»Noch nicht: er war nicht anzutreffen«, entgegnete ich, verwundert über mein abermaliges Zusammentreffen mit ihm. Auf der Treppe begegnete er mir

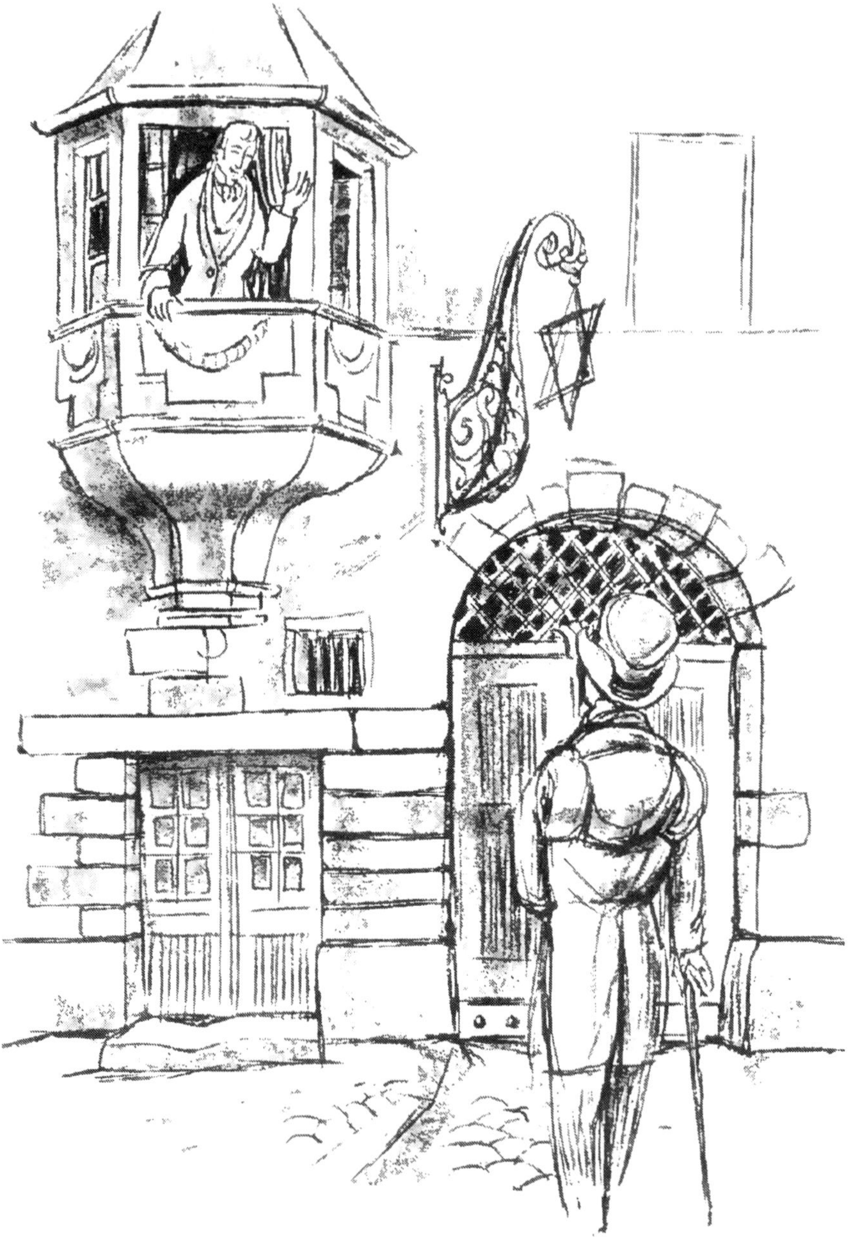

und nötigte mich mit auffallender Freundlichkeit in sein Zimmer. »Mein Herr«, sagte er, »ich habe Sie heute schon fünfmal in Beethovens Haus gehen sehen. Ich bin schon viele Tage hier und habe in diesem garstigen Hotel Quartier genommen, um Beethoven nahe zu sein. Glauben Sie mir, es ist sehr schwer, Beethoven zu sprechen; dieser Gentleman hat sehr viele Launen. Ich bin im Anfange sechsmal zu ihm gegangen und bin stets zurückgewiesen worden. Jetzt stehe ich sehr früh auf und setze mich bis spät abends an das Fenster, um zu sehen, wann

Beethoven ausgeht. Der Gentleman scheint aber nie auszugehen.«

»So glauben Sie, Beethoven sei auch heute zu Hause gewesen und habe mich abweisen lassen?« rief ich bestürzt.

»Versteht sich, Sie und ich, wir sind abgewiesen. Und das ist mir sehr unangenehm, denn ich bin nicht gekommen, Wien kennenzulernen, sondern Beethoven.«

Das war für mich eine sehr trübe Nachricht. Nichtsdestoweniger versuchte ich am anderen Tage wieder mein Heil, jedoch abermals vergebens – die

Pforten des Himmels waren mir verschlossen.

Mein Engländer, der meine fruchtlosen Versuche stets mit der gespanntesten Aufmerksamkeit vom Fenster aus beobachtete, hatte nun auch durch Erkundigungen Sicherheit erhalten, daß Beethoven nicht auf die Straße heraus wohne. Er war sehr verdrießlich, aber grenzenlos beharrlich. – Dafür war meine Geduld bald verloren, denn ich hatte dazu wohl mehr Grund als er; eine Woche war allmählich verstrichen, ohne daß ich meinen Zweck erreichte, und die Einkünfte meiner Galopps erlaubten mir durchaus keinen langen Aufenthalt in Wien. Nach und nach begann ich zu verzweifeln.

Ich teilte meine Leiden dem Wirte des Gasthofes mit. Dieser lächelte und versprach mir, den Grund meines Unglücks anzugeben, wenn ich gelobte, ihn nicht dem Engländer zu verraten. Meinen Unstern ahnend, tat ich das verlangte Gelübde.

»Sehen Sie wohl«, – sagte nun der ehrliche Wirt – »es kommen hier sehr viel Engländer her, um Herrn von Beethoven zu sehen und kennenzulernen. Dies verdrießt aber Herrn von Beethoven sehr, und er hat eine solche Wut gegen die Zudringlichkeit dieser Herren, daß er es jedem Fremden rein unmöglich macht, vor ihn zu gelangen. Er ist ein sonderlicher Herr, und man muß ihm dies verzeihen. Meinem Gasthofe ist dies aber recht zuträglich, denn er ist gewöhnlich stark von Engländern besetzt, die durch die Schwierigkeit, Herrn von Beethoven zu sprechen, genötigt sind, länger, als es sonst der Fall sein würde, meine Gäste zu sein. Da Sie jedoch versprechen, mir diese Herren nicht zu verscheuchen, so hoffe ich ein Mittel ausfindig zu machen, wie Sie an Herrn Beethoven herankommen können.«

Das war sehr erbaulich; ich kam also nicht zum Ziele, weil ich armer Teufel als Engländer passierte! Oh, meine Ahnung war gerechtfertigt; der Engländer war mein Verderben! – Augenblicklich wollte ich aus dem Gasthofe ziehen, denn jedenfalls wurde in Beethovens Hause jeder für einen Engländer gehalten, der hier logierte, und schon deshalb war ich also im Bann. Dennoch hielt mich aber das Versprechen des Wirtes, daß er mir eine Gelegenheit verschaffen wollte, Beet-

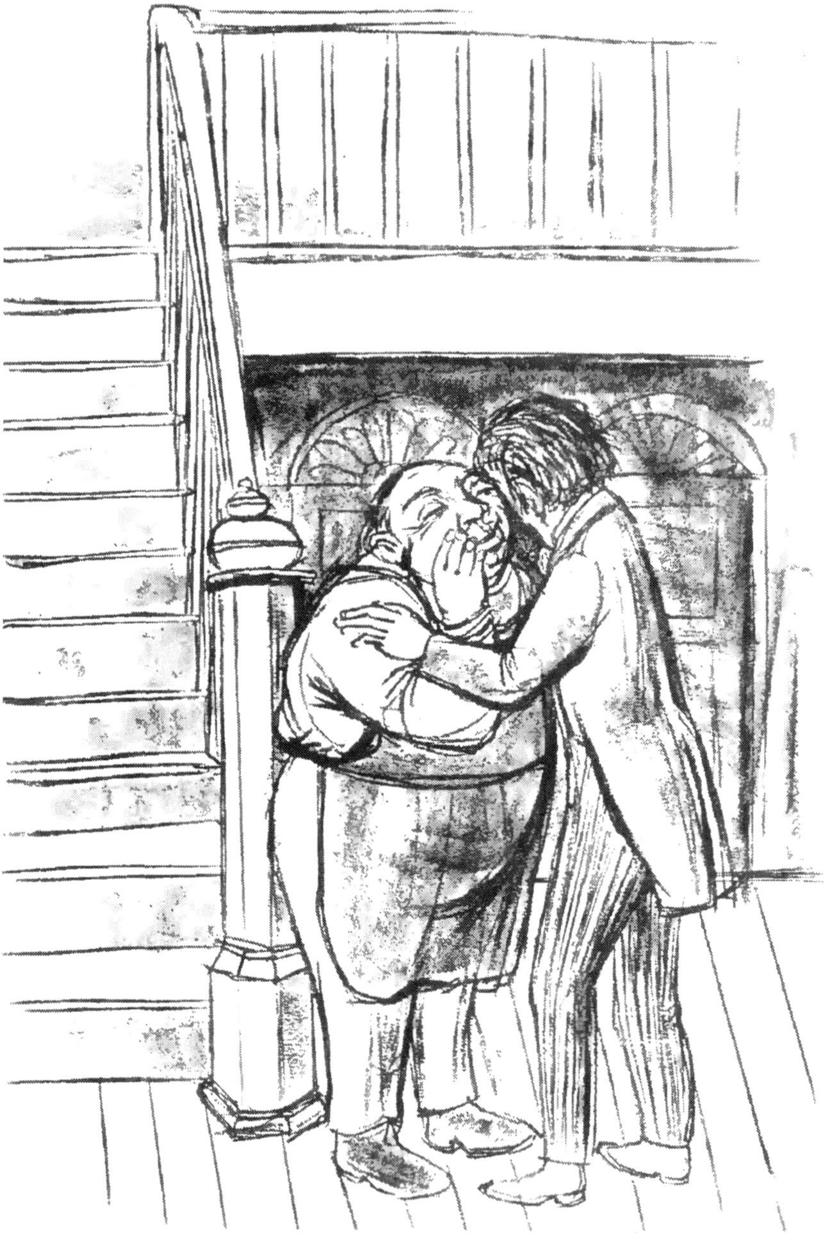

hoven zu sehen und zu sprechen, zurück. Der Engländer, den ich nun im Innersten verabscheute, hatte währenddem allerhand Intrigen und Bestechungen angefangen, jedoch immer ohne Resultat.

So verstrichen wiederum mehrere fruchtlose Tage, während welcher der Ertrag meiner Galopps sichtlich abnahm, als mir endlich der Wirt vertraute, daß ich Beethoven nicht verfehlen könnte, wenn ich mich in einen gewissen Biergarten begeben wollte, wo sich dieser fast täglich zu einer bestimmten Stunde einzufinden pflege.

Zugleich erhielt ich von meinem Ratgeber unfehlbare Nachweisungen über die Persönlichkeit des großen Meisters, die es mir möglich machen sollten, ihn zu erkennen. Ich lebte auf und beschloß, mein Glück nicht auf morgen zu verschieben. Es war mir unmöglich, Beethoven beim Ausgehen anzutreffen, da er sein Haus stets durch die Hintertür verließ; somit blieb mir nichts übrig als der Biergarten. Leider suchte ich den Meister aber sowohl an diesem als an den nächstfolgenden zwei Tagen dort vergebens auf. Endlich am vierten, als ich wiederum zur bestimmten Stunde meine Schritte dem verhängnisvollen Biergarten zuwandte, mußte ich zu meiner Verzweiflung gewahr werden, daß mich der Engländer vorsichtig und bedächtig von fern verfolgte. Der Unglückliche, fortwährend an seinem Fenster postiert, hatte es sich nicht entgehen lassen, daß ich täglich zu einer gewissen Zeit nach derselben Richtung hin ausging; dies hatte ihn frappiert, und sogleich vermutend, daß ich eine Spur entdeckt habe, Beethoven aufzusuchen, hatte er beschlossen, aus dieser meiner vermutlichen Entdekkung Vorteil zu ziehen. Er erzählte mir alles dies mit der größten Unbefangenheit und erklärte zugleich, daß er mir überallhin folgen wollte. Vergebens war mein Bemühen, ihn zu hintergehen und glauben zu machen, daß ich einzig vorhabe, zu meiner Erholung einen gemeinen Biergarten zu besuchen, der viel zu unfashionable sei, um von Gentlemen seinesgleichen beachtet zu werden. Er blieb unerschütterlich bei seinem Entschlusse, und ich hatte mein Geschick zu verfluchen. Endlich versuchte ich Unhöflichkeit und suchte ihn durch Grobheit von mir zu entfernen; weit davon aber, sich dadurch aufbringen zu lassen, begnügte er sich mit einem sanften Lächeln. Seine fixe Idee war: Beethoven zu sehen, – alles übrige kümmerte ihn nicht.

Und in Wahrheit, diesen Tag sollte es geschehen, daß ich endlich zum erstenmal den großen Beethoven zu Gesicht bekam. Nichts vermag meine Hingerissenheit, zugleich aber auch meine Wut zu schildern, als ich, an der Seite meines Gentleman sitzend, den Mann sich nähern sah, dessen Haltung und Aussehen vollständig der Schilderung

entsprachen, die mir mein Wirt von dem Äußeren des Meisters entworfen hatte. Der lange blaue Überrock, das verworrene, struppige graue Haar, dazu aber die Mienen, der Ausdruck des Gesichts, wie sie nach einem guten Porträt lange meiner Einbildungskraft vorgeschwebt hatten. Hier war ein Irrtum unmöglich: im ersten Augenblicke hatte ich ihn erkannt! Mit schnellen, kurzen Schritten kam er an uns vorbei; Überraschung und Ehrfurcht fesselten meine Sinne.
Der Engländer verlor keine meiner Bewegungen; mit neugierigem Blicke

beobachtete er den Ankömmling, der sich in die entfernteste Ecke des um diese Stunde noch unbesuchten Gartens zurückzog, Wein bringen ließ und dann einige Zeit in einer nachdenkenden Stellung verblieb. Mein lautschlagendes Herz sagte mir: er ist es! Ich vergaß für einige Augenblicke meinen Nachbar und betrachtete mit gierigem Auge und mit unsäglicher Bewegung den Mann, dessen Genius ausschließlich all meine Gedanken und Gefühle beherrschte, seit ich gelernt zu denken und zu fühlen. Unwillkürlich begann ich leise vor mich hin zu sprechen und verfiel in eine Art von Monolog, der mit den nur zu bedeutsamen Worten schloß: »Beethoven, du bist es also, den ich sehe?«

Nichts entging meinem heillosen Nachbar, der, nahe zu mir herabgebeugt, mit verhaltenem Atem mein Flüstern belauscht hatte. Aus meiner tiefen Ekstase ward ich aufgeschreckt durch die Worte: »Yes! Dieser Gentleman ist Beethoven! Kommen Sie, und stellen wir uns ihm sogleich vor!«

Voll Angst und Verdruß hielt ich den verwünschten Engländer beim Arme zurück.

»Was wollen Sie tun?« rief ich. »Wollen Sie uns kompromittieren – hier an diesem Orte – so ganz ohne alle Beobachtung der Schicklichkeit?«

»Oh«, entgegnete er, »dies ist eine vortreffliche Gelegenheit, wir werden nicht leicht eine bessere finden.« Damit zog er eine Art von Notenheft aus der Tasche und wollte direkt auf den Mann im blauen Überrock losgehen. Außer mir, erfaßte ich den Unsinnigen bei den Rockschößen und rief ihm mit Heftigkeit zu: »Sind Sie des Teufels?«

Dieser Vorgang hatte die Aufmerksamkeit des Fremden auf sich gezogen. Mit einem peinlichen Gefühle schien er zu erraten, daß er Gegenstand unserer Aufregung sei, und nachdem er hastig sein Glas geleert, erhob er sich, um fortzugehen. Kaum hatte dies der Engländer gewahrt, als er sich mit solcher Gewalt von mir losriß, daß er mir einen seiner Rockschöße in der Hand zurückließ und sich Beethoven in den Weg warf. Dieser suchte ihm auszuweichen; der Nichtswürdige kam ihm aber zuvor, machte ihm eine herrliche Verbeugung nach den Regeln der neuesten englischen Mode und

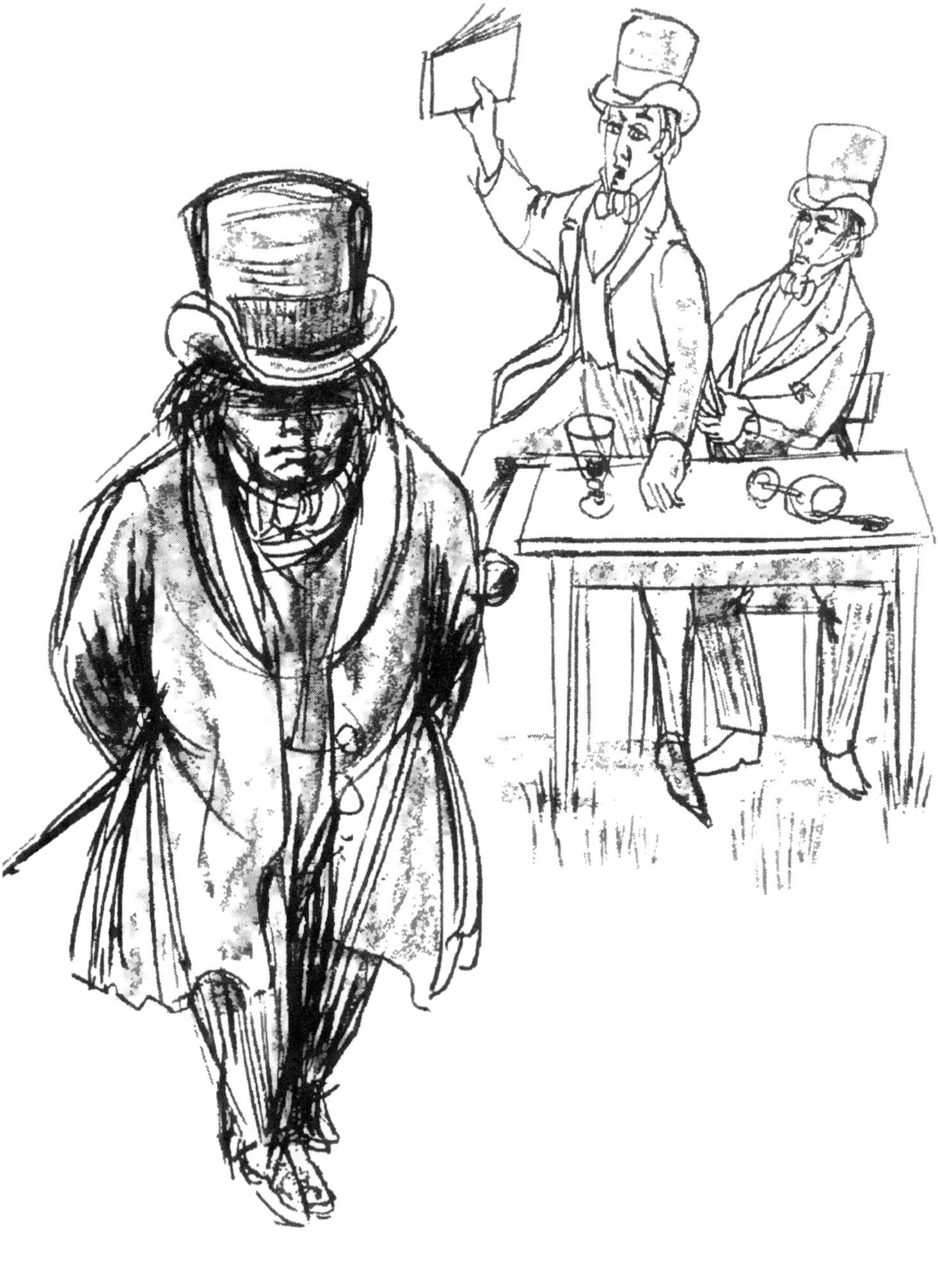

redete ihn folgendermaßen an: »Ich habe die Ehre, mich dem sehr berühmten Kompositeur und sehr ehrenwerten Herrn Beethoven vorzustellen.«
Er hatte nicht nötig, mehr hinzuzufügen, denn nach den ersten Worten schon hatte Beethoven, nachdem er einen Blick auf mich geworfen, sich mit einem eiligen Seitensprunge abgewandt und war mit Blitzesschnelle aus dem Garten verschwunden. Nichtsdestoweniger war der unerschütterliche Brite eben im Begriff, dem Entflohenen nachzulaufen, als ich mich in wütender Bewegung an den letzten

seiner Rockschöße anhing. Einigermaßen verwundert hielt er an und rief mit seltsamem Ton: »Goddam! Dieser Gentleman ist würdig, Engländer zu sein! Er ist gar ein großer Mann, und ich werde nicht säumen, seine Bekanntschaft zu machen.«
Ich blieb versteinert; dieses schauderhafte Abenteuer vernichtete mir alle Hoffnung, den heißesten Wunsch meines Herzens erfüllt zu sehen!
In der Tat wurde mir begreiflich, daß von nun an jeder Schritt, mich Beethoven auf eine gewöhnliche Art zu nähern, vollkommen fruchtlos gewor-

den sei. Bei meinen gänzlich zerrütteten Vermögenszuständen hatte ich mich nur noch zu entscheiden, ob ich augenblicklich unverrichteterdinge meine Heimfahrt antreten oder einen letzten verzweifelten Schritt tun sollte, mich an mein Ziel zu bringen. Bei dem ersten Gedanken schauderte ich bis in das Innerste meiner Seele. Wer mußte, so nah an den Pforten des höchsten Heiligtums, diese für immer sich schließen sehen, ohne nicht in Vernichtung zu fallen! Ehe ich also das Heil meiner Seele aufgab, wollte ich noch einen Verzweiflungsschritt tun.

Welcher Schritt aber war es, welcher Weg, den ich gehen sollte? Lange konnte ich nichts Durchgreifendes ersinnen. Ach, all mein Bewußtsein war gelähmt; nichts bot sich meiner aufgeregten Einbildungskraft dar, als die Erinnerung dessen, was ich erleben mußte, als ich den Rockschoß des entsetzlichen Engländers in den Händen hielt. Beethovens Seitenblick auf mich Unglückseligen in dieser furchtbaren Katastrophe war mir nicht entgangen; ich fühlte, was dieser Blick zu bedeuten hatte: er hatte mich zum Engländer gemacht!

Was nun beginnen, um den Argwohn des Meisters zu enttäuschen? Alles kam darauf an, ihn wissen zu lassen, daß ich eine einfache deutsche Seele sei, voll irdischer Armut, aber überirdischem Enthusiasmus.
So entschied ich mich denn endlich, mein Herz auszuschütten, zu schreiben. Dies geschah. Ich schrieb; erzählte kurz meine Lebensgeschichte, wie ich zum Musiker geworden war, wie ich ihn anbetete, wie ich ihn einmal hätte kennenlernen wollen, wie ich zwei Jahre opferte, mir einen Namen als Galoppkomponist zu machen, wie ich

meine Pilgerfahrt antrat und vollendete, welche Leiden der Engländer über mich brachte und welche grausame Lage gegenwärtig die meinige sei. Indem ich bei dieser Aufzählung meiner Leiden mein Herz sich merklich erleichtern fühlte, verfiel ich in der Wollust dieses Gefühls sogar in einen gewissen Grad von Vertraulichkeit; ich flocht meinem Briefe ganz freimütige und ziemlich starke Vorwürfe ein über die ungerechte Grausamkeit des Meisters, mit der ich Ärmster von ihm behandelt ward. Mit wahrhafter Begeisterung schloß ich endlich diesen Brief; es flimmerte mir vor den Augen, als ich die Adresse: »An Herrn Ludwig van Beethoven« – schrieb. Ich sprach noch ein stilles Gebet und gab diesen Brief selbst in Beethovens Hause ab.

Als ich voll Enthusiasmus zu meinem Hotel zurückkehrte, o Himmel! – wer brachte mir auch da wieder den furchtbaren Engländer vor meine Augen! Von seinem Fenster aus hatte er auch diesen meinen letzten Gang beobachtet; er hatte in meinen Mienen die Freude der Hoffnung gelesen, und das war genug, um mich wiederum seiner

Macht verfallen zu lassen. Wirklich hielt er mich auf der Treppe an mit der Frage: »Gute Hoffnung? Wann werden wir Beethoven sehen?«

»Nie, nie!« schrie ich in Verzweiflung. »Sie will Beethoven nie im Leben wiedersehen! Lassen Sie mich, Entsetzlicher, wir haben nichts gemein!«

»Sehr wohl haben wir gemein«, entgegnete er kaltblütig, »wo ist mein Rockschoß, Sir? Wer hat Sie autorisiert, mir ihn gewaltsam zu entwenden? Wissen Sie, daß Sie schuld sind an dem Benehmen Beethovens gegen mich? Wie konnte er es schicklich finden, sich mit einem Gentleman einzulassen, der nur einen Rockschoß hatte!«

Außer mir, diese Schuld auf mich gewälzt zu sehen, rief ich: »Herr, den Rockschoß sollen Sie zurück haben; mögen Sie ihn schamvoll zum Andenken aufbewahren, wie Sie den großen Beethoven beleidigten und einen armen Musiker in das Verderben stürzten! Leben Sie wohl, mögen wir uns nie wiedersehen!«

Er suchte mich zurückzuhalten und zu beruhigen, indem er mir versicherte, daß er noch sehr viele Röcke im besten Zustand besitze; ich solle ihm nur sagen, wann uns Beethoven empfangen wollte? – Rastlos stürmte ich aber hinauf zu meinem fünften Stock; da schloß ich mich ein und erwartete Beethovens Antwort.

Wie aber soll ich beschreiben, was in mir, was um mich vorging, als ich wirklich in der nächsten Stunde ein kleines Stück Notenpapier erhielt, auf welchem mit flüchtiger Hand geschrieben stand: »Entschuldigen Sie, Herr R..., wenn ich Sie bitte, mich erst morgen vormittag zu besuchen, da ich heute beschäftigt bin, ein Paket

Musikalien auf die Post zu liefern. Morgen erwarte ich Sie. Beethoven.«
Zuerst sank ich auf meine Knie und dankte dem Himmel für diese außerordentliche Huld; meine Augen trübten sich mit den inbrünstigsten Tränen. Endlich brach aber mein Gefühl in wilde Lust aus; ich sprang auf, und wie ein Rasender tanzte ich in meinem kleinen Zimmer umher. Ich weiß nicht recht, was ich tanzte, nur entsinne ich mich, daß ich zu meiner großen Scham plötzlich inne wurde, wie ich einen meiner Galopps dazu pfiff. Diese betrübende Entdeckung brachte mich

wieder zu mir selbst. Ich verließ mein Stübchen, den Gasthof und stürzte freudetrunken in die Straßen Wiens. Mein Gott, meine Leiden hatten mich ganz vergessen gemacht, daß ich in Wien sei. Wie entzückte mich das heitere Treiben der Bewohner dieser Kaiserstadt. Ich war in einem begeisterten Zustande und sah alles mit begeisterten Augen. Die etwas oberflächliche Sinnlichkeit der Wiener dünkte mich frische Lebenswärme; ihre leichtsinnige und nicht sehr unterscheidende Genußsucht galten mir für natürliche und offene Empfänglichkeit für alles Schöne. Ich erforschte die fünf täglichen Theaterzettel. Himmel! Da erblickte ich auf dem einen angezeigt: »Fidelio«, Oper von Beethoven. Ich mußte in das Theater, und mochten die Einkünfte meiner Galopps noch so sehr zusammengeschmolzen sein. Als ich im Parterre ankam, begann soeben die Ouvertüre. Es war dies die Umarbeitung der Oper, die früher unter dem Titel »Leonore« zur Ehre des tiefsinnigen Wiener Publikums durchgefallen war. Auch in dieser zweiten Gestalt hatte ich die Oper noch nirgends aufführen hören; man denke sich also das Entzücken, welches ich empfand, als ich das herrliche Neue hier zum erstenmal vernahm. Ein sehr junges Mädchen gab die Leonore; diese Sängerin schien sich aber schon in so früher Jugend mit dem Genius Beethovens vermählt zu haben. Mit welcher Glut, mit welcher Poesie, wie tief erschütternd stellte sie dies außerordentliche Weib dar! Sie nannte sich Wilhelmine Schröder. Sie hat sich das hohe Verdienst erworben, Beethovens Werk dem deutschen Volk erschlossen zu haben; denn wirklich sah ich an diesem Abend selbst die oberflächlichen Wiener vom gewaltigsten Enthusiasmus ergriffen. Mir für mein Teil war der Himmel geöffnet; ich war verklärt und betete den Genius an, der mich – gleich Florestan – aus Nacht und Ketten in das Licht und die Freiheit geführt hatte.

Ich konnte die Nacht nicht schlafen. Was ich soeben erlebt und was mir morgen bevorstand, war zu groß und überwältigend, als daß ich es ruhig hätte in einen Traum mit übertragen können. Ich wachte, ich schwärmte und bereitete mich, vor Beethoven zu erscheinen. – Endlich erschien der neue

Tag; mit Ungeduld erwartete ich die zum Morgenbesuch schickliche Stunde; – auch sie schlug, und ich brach auf. Mir stand das wichtigste Ereignis meines Lebens bevor: von diesem Gedanken war ich erschüttert.

Aber noch sollte ich eine furchtbare Prüfung überstehen.

Mit großer Kaltblütigkeit an die Haustür Beethovens gelehnt, erwartete mich mein Dämon – der Engländer! – Der Unselige hatte alle Welt, somit endlich auch den Wirt unseres Gasthofes bestochen, dieser hatte die offenen Zeilen Beethovens an mich früher als ich selbst gelesen und den Inhalt derselben an den Briten verraten. Ein kalter Schweiß überfiel mich bei diesem Anblick; alle Poesie, alle himmlische Aufregung schwand mir dahin: ich war wieder in seiner Gewalt. »Kommen Sie«, begann der Unglückliche, »stellen wir uns Beethoven vor!« Erst wollte ich mir mit einer Lüge helfen und vorgeben, daß ich gar nicht auf dem Wege zu Beethoven sei. Allein er benahm mir bald alle Möglichkeit zur Ausflucht; denn mit großer Offenherzigkeit machte er mich damit bekannt, wie er hinter mein Geheimnis gekommen war, und erklärte, mich nicht eher verlassen zu wollen, als bis wir von Beethoven zurückkämen. Ich versuchte erst in Güte, ihn von seinem Vorhaben abzubringen – umsonst! Ich geriet in Wut – umsonst! Endlich hoffte ich mich durch die Schnelligkeit meiner Füße zu entziehen; wie ein Pfeil flog ich die Treppen hinan und riß wie ein Rasender an der Klingel. Ehe aber noch geöffnet wurde, war der Gentleman bei mir, ergriff die Flügel meines Rockes und sagte: »Entfliehen Sie mir nicht! Ich habe ein Recht an Ihren Rockschoß;

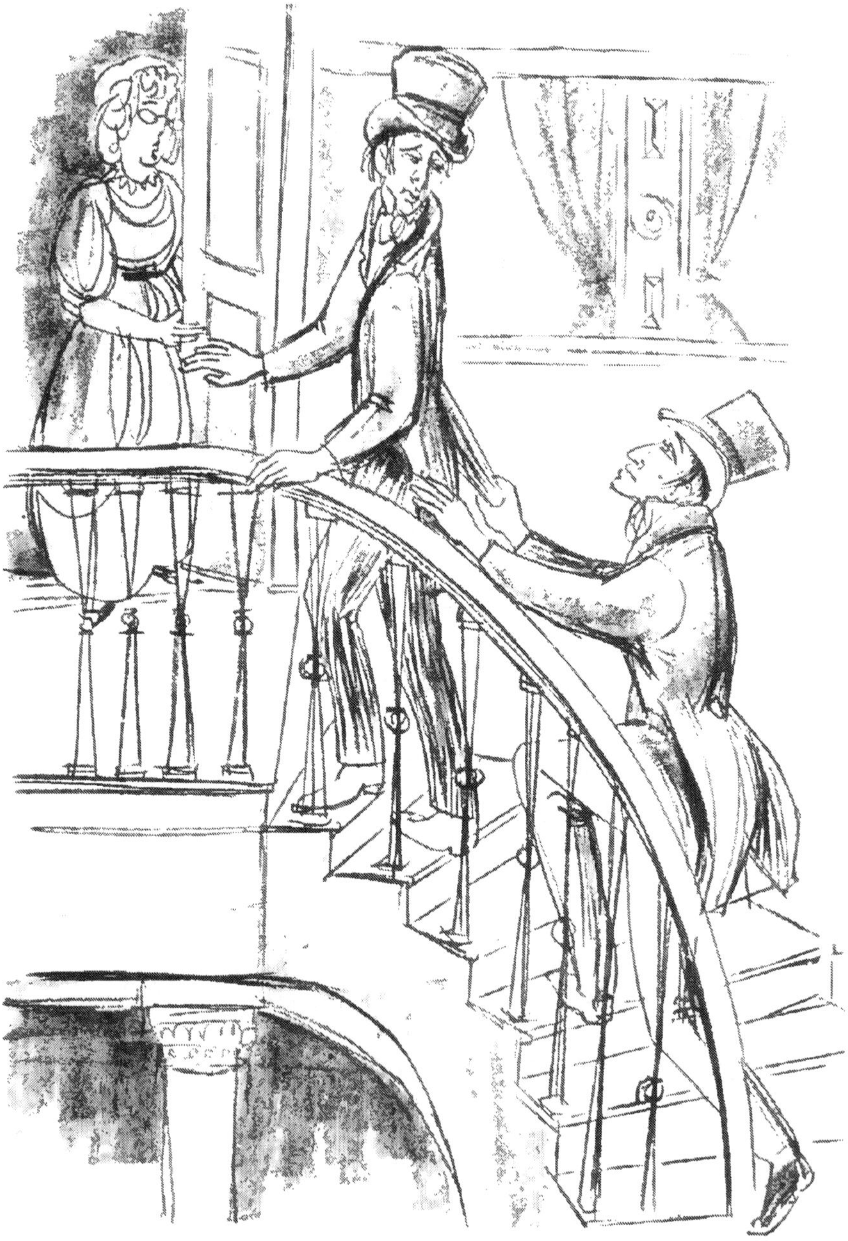

ich will Sie daran halten, bis wir vor Beethoven stehen.«

Entsetzt wandte ich mich um, suchte mich ihm zu entreißen, ja, ich fühlte mich versucht, gegen den stolzen Sohn Britanniens mich mit Tätlichkeiten zu verteidigen: – da ward die Tür geöffnet. Die alte Aufwärterin erschien, zeigte ein finsteres Gesicht, als sie uns in unserer sonderbaren Situation erblickte, und machte Miene, die Tür sogleich wieder zu schließen. In der Angst rief ich laut meinen Namen und beteuerte, von Herrn Beethoven eingeladen worden zu sein.

Noch war die Alte zweifelhaft, denn der Anblick des Engländers schien ihr ein gerechtes Bedenken zu erwecken, als durch ein Ungefähr auf einmal Beethoven selbst an der Tür seines Kabinetts erschien. Diesen Moment benutzend trat ich schnell ein und wollte auf den Meister zu, um mich zu entschuldigen. Zugleich zog ich aber den Engländer mit herein, denn dieser hatte mich noch fest. Er führte seinen Vorsatz aus und ließ mich erst los, als wir vor Beethoven standen. Ich verbeugte mich und stammelte meinen Namen; wiewohl er diesen

jedenfalls nicht verstand, schien er doch zu wissen, daß ich der sei, der ihm geschrieben hatte. Er hieß mich in sein Zimmer eintreten, und ohne sich um Beethovens verwunderungsvollen Blick zu kümmern, schlüpfte mein Begleiter mir eiligst nach.
Hier war ich – im Heiligtum; die gräßliche Verlegenheit aber, in welche mich der heillose Brite gebracht hatte, raubte mir alle wohltätige Besinnung, die mir nötig war, um mein Glück würdig zu genießen. An und für sich war Beethovens äußere Erscheinung keineswegs dazu gemacht, angenehm

und behaglich zu wirken. Er war in ziemlich unordentlicher Hauskleidung, trug eine rote wollene Binde um den Leib; lange, starke graue Haare lagen unordentlich um seinen Kopf herum, und seine finstere, unfreundliche Miene vermochte durchaus nicht meine Verlegenheit zu heben. Wir setzten uns an einen Tisch nieder, der voll Papiere und Federn lag.

Es herrschte unbehagliche Stimmung, keiner sprach. Augenscheinlich war Beethoven verstimmt, zwei für einen empfangen zu haben.

Endlich begann er, indem er mit rauher Stimme frug: »Sie kommen von L...?«

Ich wollte antworten, er aber unterbrach mich; indem er einen Bogen Papier nebst einem Bleistift bereit legte, fügte er hinzu: »Schreiben Sie, ich höre nicht.«

Ich wußte von Beethovens Taubheit und hatte mich darauf vorbereitet. Nichtsdestoweniger fuhr es mir wie ein Stich durch das Herz, als ich von dieser rauhen, gebrochenen Stimme hörte: »Ich höre nicht!« – Freudenlos und arm in der Welt zu stehen; die einzige Erhebung in der Macht der

Töne zu wissen und sagen zu müssen:
ich höre nicht! – Im Moment kam ich
in mir zum vollkommenen Verständnis über Beethovens äußere Erscheinung, über den tiefen Gram auf seinen
Wangen, über den düsteren Unmut
seines Blickes, über den verschlossenen Trotz seiner Lippen: – er hörte
nicht! –

Verwirrt und ohne zu wissen, was,
schrieb ich eine Bitte um Entschuldigung und eine kurze Erklärung der
Umstände auf, die mich in der Begleitung des Engländers erscheinen ließen.
Dieser saß währenddem stumm und

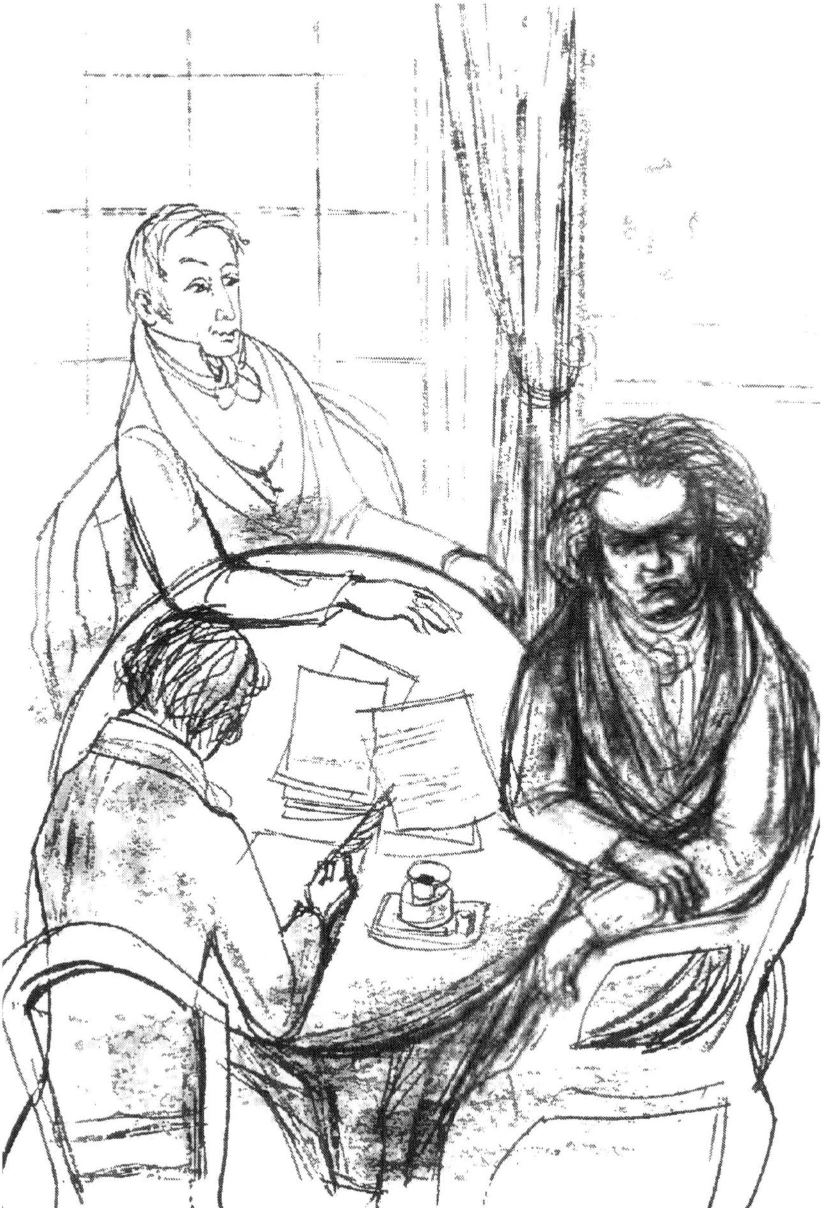

befriedigt Beethoven gegenüber, der, nachdem er meine Zeilen gelesen, sich ziemlich heftig zu ihm wandte mit der Frage, was er von ihm wünsche?
»Ich habe die Ehre...«, entgegnete der Brite.
»Ich verstehe Sie nicht!« rief Beethoven, ihn hastig unterbrechend. »Ich höre nicht und kann auch nicht viel sprechen. Schreiben Sie auf, was Sie von mir wollen.«
Der Engländer sann einen Augenblick ruhig nach, zog dann sein zierliches Musikheft aus der Tasche und sagte zu mir: »Es ist gut. Schreiben Sie:

ich bitte Herrn Beethoven, meine Komposition zu sehen, wenn ihm eine Stelle darin nicht gefällt, wird er die Güte haben, ein Kreuz dabei zu machen.«

Ich schrieb wörtlich sein Verlangen auf, in der Hoffnung, ihn nun los zu werden; und so kam es auch. Nachdem Beethoven gelesen, legte er mit einem sonderbaren Lächeln die Komposition des Engländers auf den Tisch, nickte kurz und sagte: »Ich werde es schicken.«

Damit war mein Gentleman sehr zufrieden, stand auf, machte eine besonders herrliche Verbeugung und empfahl sich. – Ich atmete tief auf! – Er war fort.

Nun erst fühlte ich mich im Heiligtum. Selbst Beethovens Züge heiterten sich deutlich auf; er blickte mich einen Augenblick ruhig an und begann dann: »Der Brite hat Ihnen viel Ärger gemacht?« sagte er. »Trösten Sie sich mit mir; diese reisenden Engländer haben mich schon bis auf das Blut geplagt. Sie kommen heute, einen armen Musiker zu sehen, wie morgen ein seltenes Tier. Es tut mir leid um sie, daß ich Sie mit jenem verwechselt habe. – Sie schrieben mir, daß Sie mit meinen Kompositionen zufrieden wären. Das ist mir lieb, denn ich rechne jetzt nur wenig darauf, daß meine Sachen den Leuten gefallen.«

Diese Vertraulichkeit in seiner Anrede benahm mir bald alle lästige Befangenheit; ein Freudenschauer durchbebte mich bei diesen einfachen Worten. Ich schrieb, daß ich wahrlich nicht der einzige sei, der von so glühendem Enthusiasmus für jede seiner Schöpfungen erfüllt wäre, daß ich nichts sehnlicher wünschte, als z. B. meiner Vaterstadt das Glück verschaffen zu können, ihn einmal in ihrer Mitte zu sehen; er würde sich dann überzeugen, welche Wirkung dort seine Werke auf das gesamte Publikum hervorbrächten.

»Ich glaube wohl«, erwiderte Beethoven, »daß meine Kompositionen im nördlichen Deutschland mehr ansprechen. Die Wiener ärgern mich oft; sie hören täglich zu viel schlechtes Zeug, als daß sie immer aufgelegt sein sollten, mit Ernst an etwas Ernstes zu gehen.«

Ich wollte dem widersprechen und führte an, daß ich gestern der Aufführung des »Fidelio« beigewohnt hätte, welche das Wiener Publikum mit dem offensten Enthusiasmus aufgenommen habe.

»Hm, hm«, brummte der Meister, »der Fidelio! – Ich weiß aber, daß die Leutchen jetzt nur aus Eitelkeit in die Hände klatschen, denn sie reden sich ein, daß ich in der Umarbeitung dieser Oper nur ihrem Rate gefolgt sei. Nun wollen sie mir die Mühe vergelten und rufen bravo! Es ist ein gutmütiges Volk und nicht gelehrt; ich bin darum lieber bei ihnen als bei gescheiten Leuten. – Gefällt Ihnen jetzt der Fidelio?«

Ich berichtete von dem Eindrucke, den die gestrige Vorstellung auf mich gemacht hatte, und bemerkte, daß durch die hinzugefügten Stücke das Ganze auf das herrlichste gewonnen habe.

»Ärgerliche Arbeit!« entgegnete Beethoven. »Ich bin kein Opernkomponist, wenigstens kenne ich kein Theater in der Welt, für das ich gern wieder eine Oper schreiben möchte! Wenn ich eine Oper machen wollte, die nach meinem Sinn wäre, würden die Leute davonlaufen; denn da würde nichts von Arien, Duetten, Terzetten und all dem Zeuge zu finden sein, womit sie heutzutage die Oper zusammenflicken, und was ich dafür machte, würde kein Sänger singen und kein Publikum hören wollen. Sie kennen alle nur die glänzende Lüge, brillanten Unsinn und überzuckerte Langeweile. Wer ein wahres musikalisches Drama machte, würde für einen Narren angesehen werden und wäre es auch in der Tat, wenn er so etwas nicht für sich selbst behielte, sondern es vor die Leute bringen wollte.«

»Und wie würde man zu Werke gehen müssen«, frug ich erhitzt, »um ein solches musikalisches Drama zustande zu bringen?«

»Wie es Shakespeare machte, wenn er seine Stücke schrieb«, war die fast heftige Antwort. Dann fuhr er fort: »Wer es sich darum zu tun sein lassen muß, Frauenzimmern mit passabler Stimme allerlei bunten Tand anzupassen, durch den sie bravi und Händeklatschen bekommen, der sollte Pariser Frauenschneider werden, aber nicht dramatischer Komponist. – Ich für mein Teil bin nun einmal zu solchen Späßen nicht gemacht. Ich weiß recht wohl, daß die gescheiten Leute deshalb meinen, ich verstünde mich allenfalls auf die Instrumentalmusik, in der Vokalmusik würde ich aber nie zu Hause sein. Sie haben recht, da sie unter Vokalmusik nur Opernmusik verstehen; und dafür, daß ich in diesem Unsinne heimisch würde, bewahre mich der Himmel!«

Ich erlaubte mir hier zu fragen, ob er wirklich glaube, daß jemand nach Anhörung seiner »Adelaide« ihm den glänzendsten Beruf auch zur Gesangsmusik abzusprechen wagen würde?

»Nun«, entgegnete er nach einer kleinen Pause, »die ›Adelaide‹ und dergleichen sind am Ende Kleinigkeiten, die den Virtuosen von Profession zeitig genug in die Hände fallen, um ihnen als Gelegenheit zu dienen, ihre vortrefflichen Kunststückchen anbringen zu können. Warum sollte aber die Vokalmusik nicht ebensogut als die Instrumentalmusik ein großes, ernstes Genre bilden können, das zumal bei der Ausführung von dem leichtsinnigen Sängervolke ebenso respektiert würde, als es meinetwegen bei einer Symphonie vom Orchester gefordert wird? Die menschliche Stimme ist einmal da. Ja, sie ist sogar ein bei weitem schöneres und edleres Tonorgan als jedes Instrument des Orchesters. Sollte man sie nicht ebenso selbständig in Anwendung bringen können wie dieses? Welche ganz neuen Resultate würde man nicht bei diesem Verfahren gewinnen! Denn gerade der seiner Natur nach von der Eigentümlichkeit der Instrumente gänzlich verschiedene Charakter der menschlichen Stimme würde besonders herauszuheben und festzuhalten sein und die mannigfachsten Kombinationen erzeugen lassen. In den Instrumenten repräsentieren sich die Urorgane der

Schöpfung und der Natur; das, was sie ausdrücken, kann nie klar bestimmt und festgesetzt werden; denn sie geben die Urgefühle selbst wieder, wie sie aus dem Chaos der ersten Schöpfung hervorgingen, als es selbst vielleicht noch nicht einmal Menschen gab, die sie in ihr Herz aufnehmen konnten. Ganz anders ist es mit dem Genius der Menschenstimme; diese repräsentiert das menschliche Herz und dessen abgeschlossene, individuelle Empfindung. Ihr Charakter ist somit beschränkt, aber bestimmt und klar. Man bringe nun diese beiden

Elemente zusammen, man vereinige sie! Man stelle den wilden, in das Unendliche hinausschweifenden Urgefühlen, repräsentiert von den Instrumenten, die klare, bestimmte Empfindung des menschlichen Herzens entgegen, repräsentiert von der Menschenstimme. Das Hinzutreten dieses zweiten Elementes wird wohltuend und schlichtend auf den Kampf der Urgefühle wirken, wird ihrem Strome einen bestimmten, vereinigten Lauf geben; das menschliche Herz aber wird, indem es jene Urempfindungen in sich aufnimmt, unendlich erkräftigt

und erweitert, fähig sein, die frühere unbestimmte Ahnung des Höchsten, zum göttlichen Bewußtsein umgewandelt, klar in sich zu fühlen.«
Hier hielt Beethoven wie erschöpft einige Augenblicke an. Dann fuhr er mit einem leichten Seufzer fort:
»Freilich stößt man bei dem Versuch zur Lösung dieser Aufgabe auf manchen Übelstand; um singen zu lassen, braucht man der Worte. Wer aber wäre imstande, die Poesie in Worte zu fassen, die einer solchen Vereinigung aller Elemente zugrunde liegen würde? Die Dichtung muß da zurückstehen,

denn die Worte sind für diese Aufgabe zu schwache Organe. – Sie werden bald eine neue Komposition von mir kennenlernen, die Sie an das erinnern wird, worüber ich mich jetzt ausließ. Es ist dies eine Symphonie mit Chören. Ich mache Sie darauf aufmerksam, wie schwer es mir dabei ward, dem Übelstand der Unzulänglichkeit der zu Hilfe gerufenen Dichtkunst abzuhelfen. Ich habe mich endlich entschlossen, die schöne Hymne unseres Schiller ›An die Freude‹ zu benützen; es ist diese jedenfalls eine edle und erhebende Dichtung, wenn auch weit entfernt davon, das auszusprechen, was allerdings in diesem Falle keine Verse der Welt aussprechen können.«

Noch heute kann ich das Glück kaum fassen, das mir dadurch zuteil ward, daß mir Beethoven selbst durch diese Andeutungen zum vollen Verständnis seiner riesenhaften letzten Symphonie verhalf, die damals höchstens eben erst vollendet, keinem aber noch bekannt war. Ich drückte ihm meinen begeistertsten Dank für diese gewiß seltene Herablassung aus. Zugleich äußerte ich die entzückende Überraschung, die er mir mit der Nachricht bereitet hatte, daß man dem Erscheinen eines neuen großen Werkes von seiner Komposition entgegensehen dürfe. Mir waren die Tränen in die Augen getreten – ich hätte vor ihm niederknien mögen. Beethoven schien meine gerührte Aufregung zu gewahren. Er sah mich halb wehmütig, halb spöttisch lächelnd an, als er sagte: »Sie können mich verteidigen, wenn von meinem neuen Werke die Rede sein wird. Gedenken Sie mein: – die klugen Leute werden mich für verrückt halten, wenigstens dafür ausschreien. Sie sehen aber wohl, Herr R ..., daß ich gerade noch kein

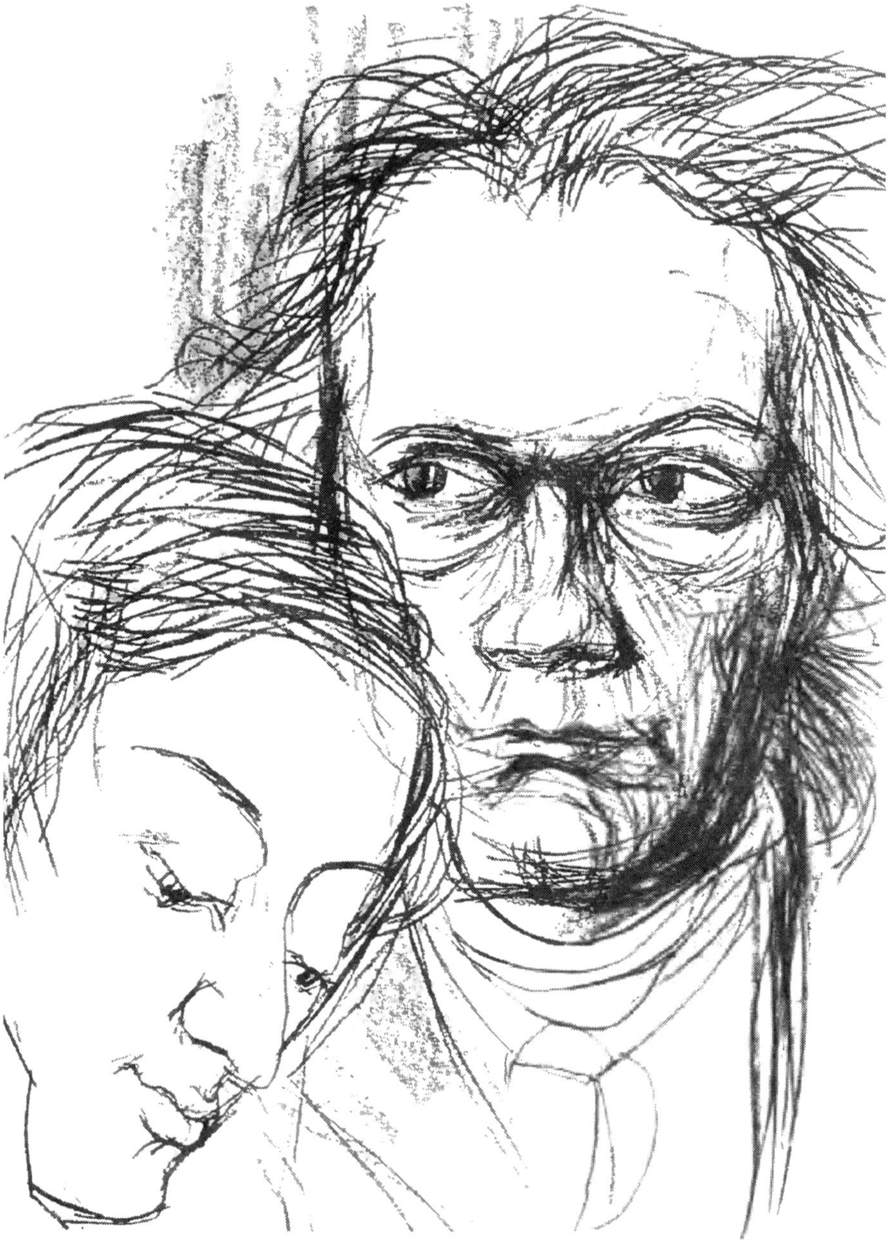

Wahnsinniger bin, wenn ich sonst auch unglücklich genug dazu wäre. – Die Leute verlangen von mir, ich soll schreiben, wie sie sich einbilden, daß es schön und gut sei; sie bedenken aber nicht, daß ich armer Tauber meine ganz eigenen Gedanken haben muß – daß es mir nicht möglich sein kann, anders zu komponieren, als ich es fühle. Und daß ich ihre schönen Sachen nicht denken und fühlen kann«, setzte er ironisch hinzu, »das ist ja eben mein Unglück!«

Damit stand er auf und schritt mit schnellen, kurzen Schritten durch das

Zimmer. Tief bis in das Innerste ergriffen, wie ich war, stand ich ebenfalls auf; – ich fühlte, daß ich zitterte. Unmöglich wäre es mir gewesen, weder durch Pantomimen noch durch Schrift eine Unterhaltung fortzusetzen. Ich ward mir bewußt, daß jetzt der Punkt gekommen war, auf dem mein Besuch dem Meister lästig werden konnte. Ein tiefgefühltes Wort des Dankes und des Abschieds aufzuschreiben, schien mir zu nüchtern; ich begnügte mich, meinen Hut zu ergreifen, vor Beethoven hinzutreten und ihn in meinem Blicke lesen zu lassen, was in mir vorging.

Er schien mich zu verstehen. »Sie wollen fort?« frug er. »Werden Sie noch einige Zeit in Wien bleiben?«
Ich schrieb ihm auf, daß ich mit dieser Reise nichts beabsichtigt hätte, als ihn kennenzulernen; daß, da er mich gewürdigt habe, mir eine so außerordentliche Aufnahme zu gewähren, ich überglücklich sei, mein Ziel als erreicht anzusehen, und morgen wieder zurückwandern würde.
Lächelnd erwiderte er: »Sie haben mir geschrieben, auf welche Art Sie sich das Geld zu dieser Reise verschafft haben: – Sie sollten in Wien bleiben

und Galopps machen, hier gilt die Ware viel.«

Ich erklärte, daß es für mich nun damit aus sei, da ich nichts wüßte, was mir wieder eines ähnlichen Opfers wert erscheinen könnte.

»Nun, nun!« entgegnete er. »Das findet sich. Ich alter Narr würde es auch besser haben, wenn ich Galopps machte; wie ich es jetzt treibe, werde ich immer darben. – Reisen Sie glücklich«, fuhr er fort, »gedenken Sie mein und trösten Sie sich in allen Widerwärtigkeiten mit mir.«

Gerührt und mit Tränen in den Augen

wollte ich mich empfehlen, da rief er mir noch zu: »Halt! Fertigen wir den musikalischen Engländer ab! Laßt sehen, wo die Kreuze hinkommen sollen!«

Damit ergriff er das Musikheft des Briten und sah es lächelnd flüchtig durch; sodann legte er es sorgfältig wieder zusammen, schlug es in einen Bogen Papier ein, ergriff eine dicke Notenfeder und zeichnete ein kolossales Kreuz quer über den ganzen Umschlag. Darauf überreichte er es mir mit den Worten: »Stellen Sie dem Glücklichen gefälligst sein Meister-

werk zu! Er ist ein Esel, und doch beneide ich ihn um seine langen Ohren! – Leben Sie wohl, mein Lieber, und behalten Sie mich lieb!«
Somit entließ er mich. Erschüttert verließ ich sein Zimmer und das Haus.

Im Hotel traf ich den Bedienten des Engländers an, wie er die Koffer seines Herrn im Reisewagen zurechtpackte. Also auch sein Ziel war erreicht; ich mußte gestehen, daß auch er Ausdauer bewiesen hatte. Ich eilte in mein Zimmer und machte mich ebenfalls fertig,

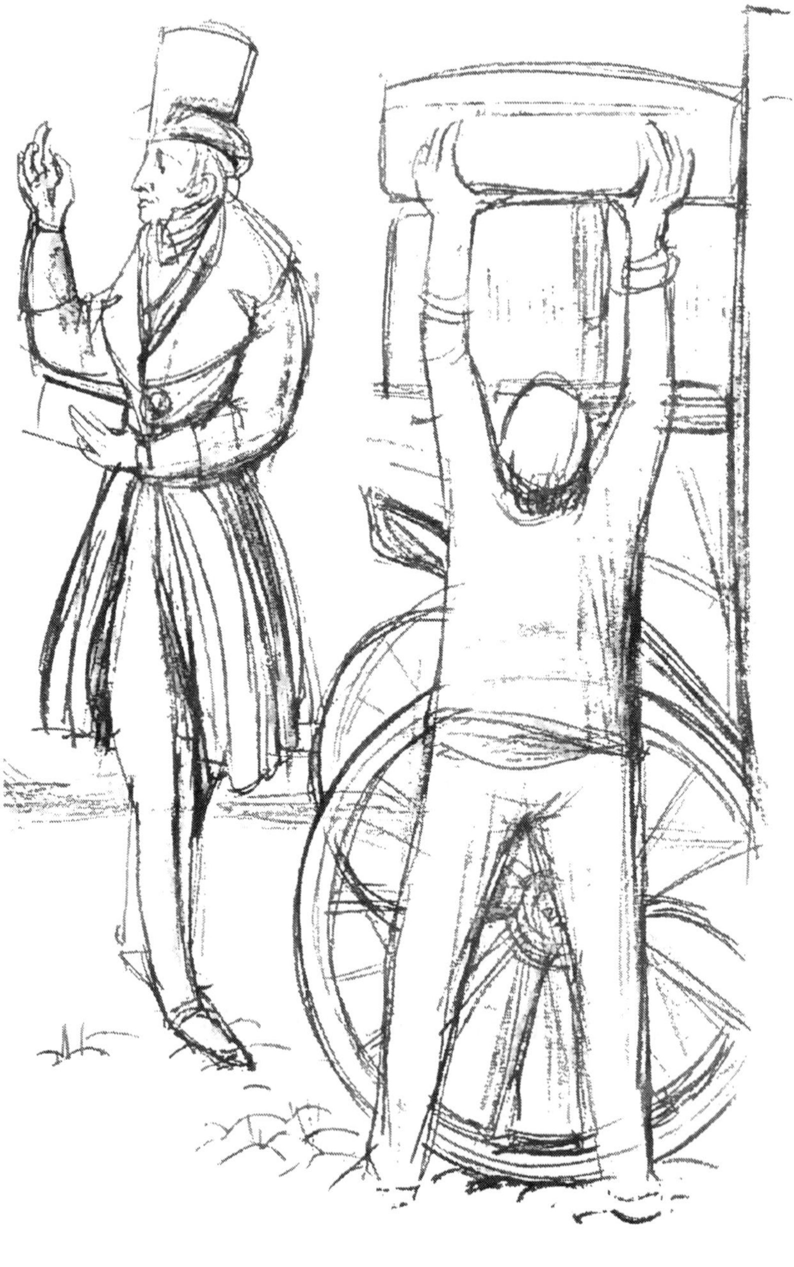

mit dem morgenden Tage meine Fußwanderschaft zurück anzutreten. Laut mußte ich auflachen, als ich das Kreuz auf dem Umschlage der Komposition des Engländers betrachtete. Dennoch war dieses Kreuz ein Andenken Beethovens, und ich gönnte es dem bösen Dämon meiner Pilgerfahrt nicht. Schnell war mein Entschluß gefaßt. Ich nahm den Umschlag ab, suchte meine Galopps hervor und schlug sie in diese verdammende Hülle ein. Dem Engländer ließ ich seine Komposition ohne Umschlag zustellen und begleitete sie mit einem Briefchen, in welchem ich ihm meldete, daß Beethoven ihn beneide und erklärt habe, nicht zu wissen, wo er da ein Kreuz anbringen solle.

Als ich den Gasthof verließ, sah ich meinen unseligen Genossen in den Wagen steigen.

»Leben Sie wohl!« rief er mir zu. »Sie haben mir große Dienste geleistet. Es ist mir lieb, Herrn Beethoven kennengelernt zu haben. – Wollen Sie mit mir nach Italien?«

»Was suchen Sie dort?« fragte ich dagegen.

»Ich will Herrn Rossini kennenlernen,

denn er ist ein sehr berühmter Komponist.«

»Glück zu!« rief ich. »Ich kenne Beethoven; für mein Leben habe ich somit genug!«

Wir trennten uns. Ich warf noch einen schmachtenden Blick nach Beethovens Haus und wanderte dem Norden zu, in meinem Herzen erhoben und veredelt.

Lightning Source UK Ltd.
Milton Keynes UK
UKHW020745231019
352109UK00006B/134/P